50道轻松上手的现代中餐食谱

作者：凯莉·约翰逊

Table of Contents

- 蒜香鸡丁
- 清蒸鲈鱼
- 黑椒牛柳
- 糖醋排骨
- 西兰花炒虾仁
- 酱爆茄子
- 干锅花菜
- 蚝油生菜
- 香菇炒青菜
- 鱼香豆腐
- 豉汁蒸排骨
- 宫保鸡丁
- 红烧狮子头
- 青椒土豆丝
- 蚝油牛肉片
- 麻婆豆腐
- 葱油拌面

- 酸辣汤
- 清炒虾仁
- 葱姜炒蟹
- 红烧鸡翅
- 醋溜白菜
- 蒜蓉粉丝蒸扇贝
- 干煸四季豆
- 虾仁炒蛋
- 粉蒸肉
- 红烧鱼块
- 凉拌黄瓜
- 蒜蓉炒菠菜
- 干锅鸡翅
- 蒸蛋羹
- 酱烧冬瓜
- 糖醋藕片
- 蒜香豆芽
- 清炒芥蓝
- 辣子鸡丁

- 咖喱鸡块
- 红烧牛肉面
- 蒜蓉炒空心菜
- 西红柿炒鸡蛋
- 青椒炒肉丝
- 冬瓜排骨汤
- 葱爆羊肉
- 酱爆鸡丁
- 鱼香茄子
- 红烧排骨
- 清汤馄饨
- 腐乳空心菜
- 蒜香炒面
- 凉拌豆腐丝

蒜香鸡丁

材料：

- 鸡胸肉 300 克
- 蒜末、盐、生抽、料酒、淀粉、植物油

做法：

1. 鸡胸肉切丁，用盐、生抽、料酒和淀粉腌制15分钟。
2. 热锅加油爆香蒜末，倒入鸡丁炒至变色熟透。
3. 调味后快速翻炒均匀，出锅即可。

清蒸鲈鱼

材料：

- 鲈鱼1条（约500克）

- 姜丝、葱丝、盐、料酒、蒸鱼豉油

做法：

1. 鲈鱼洗净，两面划几刀，抹盐和料酒腌制10分钟。

2. 鱼身铺上姜丝，入锅蒸8-10分钟。

3. 出锅后撒葱丝，淋上蒸鱼豉油，热油浇淋激香即可。

黑椒牛柳

材料：

- 牛里脊肉 300 克
- 青椒、洋葱、黑胡椒粉、生抽、盐、淀粉、植物油

做法：

1. 牛肉切丝，用盐、生抽和淀粉腌制15分钟。
2. 青椒、洋葱切丝备用。
3. 热锅加油爆香洋葱和青椒，加入牛肉快速翻炒。
4. 加入黑胡椒粉调味，炒匀即可。

糖醋排骨

材料：

- 排骨 500克
- 白糖、醋、生抽、盐、姜片、蒜

做法：

1. 排骨焯水洗净备用。
2. 热锅加油爆香姜蒜，加入排骨煎至金黄。
3. 加入糖、醋、生抽、水，焖煮至入味收汁即可。

西兰花炒虾仁

材料：

- 西兰花 300 克
- 虾仁 200 克
- 蒜末、盐、料酒、植物油

做法：

1. 西兰花切小朵焯水备用。
2. 虾仁用料酒和盐腌制。
3. 热锅加油爆香蒜末，加入虾仁炒至变色。
4. 加入西兰花快速翻炒，加盐调味即可。

酱爆茄子

材料：

- 茄子 300 克
- 豆瓣酱、蒜末、姜末、生抽、糖、植物油

做法：

1. 茄子切条，炸或炒至软。
2. 热锅加油爆香蒜姜末，加入豆瓣酱炒香。
3. 加入茄子，调入生抽和糖，翻炒均匀收汁。

干锅花菜

材料：

- 花菜 300 克
- 干辣椒、花椒、蒜末、生姜、豆瓣酱、盐

做法：

1. 花菜洗净掰小朵，焯水备用。
2. 热锅加油炒香蒜姜、干辣椒和花椒，加入豆瓣酱炒香。
3. 放入花菜翻炒，加入盐调味，炒匀出锅。

蚝油生菜

材料：

- 生菜 300 克
- 蚝油、蒜末、盐、植物油

做法：

1. 生菜洗净，焯水或直接炒。
2. 热锅加油爆香蒜末，加入生菜翻炒，加盐调味。
3. 淋入蚝油快速炒匀即可。

香菇炒青菜

材料：

- 新鲜青菜 300 克
- 香菇 100 克
- 蒜末、盐、植物油

做法：

1. 青菜洗净，香菇切片。
2. 热锅加油爆香蒜末，加入香菇翻炒至软。
3. 加入青菜大火快炒，加盐调味，炒至熟软即可。

鱼香豆腐

材料：

- 嫩豆腐 300 克
- 豆瓣酱、蒜末、姜末、葱花、糖、生抽、醋、淀粉

做法：

1. 豆腐切块，焯水备用。
2. 热锅加油爆香蒜姜末，加入豆瓣酱炒香。
3. 加入豆腐，调入糖、生抽、醋，轻轻翻炒。
4. 用水淀粉勾芡，撒葱花出锅。

豉汁蒸排骨

材料：

- 排骨 500克
- 豆豉、蒜末、生姜、盐、生抽、料酒

做法：

1. 排骨洗净，加入盐、生抽、料酒腌制20分钟。
2. 豆豉剁碎，和蒜末姜末混合。
3. 将豆豉料均匀铺在排骨上，蒸约30分钟至熟。

宫保鸡丁

材料：

- 鸡胸肉 300 克

- 花生、干辣椒、葱姜蒜、花椒、生抽、老抽、糖、醋、淀粉

做法：

1. 鸡肉切丁，用盐、生抽和淀粉腌制。

2. 热锅加油爆香花椒和干辣椒，加入葱姜蒜炒香。

3. 加入鸡丁炒至熟，调入糖、醋、生抽、老抽，快速翻炒。

4. 加入花生，炒匀即可。

红烧狮子头

材料：

- 猪肉馅 500 克
- 姜末、葱末、料酒、盐、生抽、老抽、鸡蛋、淀粉

做法：

1. 猪肉馅加入葱姜末、料酒、盐、生抽、蛋和淀粉，搅拌均匀。
2. 分成大肉丸，煎至金黄。
3. 锅中加入老抽、生抽、糖和水，放入肉丸炖煮30分钟。

青椒土豆丝

材料：

- 土豆 300 克
- 青椒 1 个
- 蒜末、盐、植物油

做法：

1. 土豆去皮切细丝，青椒切丝。
2. 热锅加油爆香蒜末，加入土豆丝翻炒至半熟。
3. 加入青椒丝，调盐炒匀至熟。

蚝油牛肉片

材料：

- 牛肉 300 克
- 蚝油、蒜末、生抽、料酒、盐、淀粉、植物油

做法：

1. 牛肉切片，用盐、料酒、生抽、淀粉腌制。
2. 热锅加油炒香蒜末，加入牛肉快速翻炒。
3. 加入蚝油，炒匀出锅。

麻婆豆腐

材料：

- 嫩豆腐 300 克

- 豆瓣酱、辣椒粉、花椒粉、蒜末、姜末、葱花、猪肉末、盐、鸡精

做法：

1. 豆腐切块焯水备用。

2. 热锅加油炒香猪肉末，加入蒜姜末和豆瓣酱炒香。

3. 加入豆腐和适量水，小火煮开。

4. 调入盐、鸡精，撒花椒粉和葱花即可。

葱油拌面

材料：

- 面条 200 克
- 葱花、姜丝、生抽、香油、盐、植物油

做法：

1. 面条煮熟沥干。
2. 热锅加油爆香葱花和姜丝。
3. 面条放碗中，淋上葱油，加入生抽、香油和盐拌匀即可。

酸辣汤

材料：

- 豆腐、木耳、竹笋、鸡蛋、香醋、胡椒粉、辣椒油、盐、鸡汤

做法：

1. 木耳、竹笋切丝，豆腐切小块，鸡蛋打散备用。

2. 锅中倒入鸡汤煮沸，加入木耳、竹笋、豆腐煮熟。

3. 缓缓倒入蛋液形成蛋花。

4. 加入香醋、胡椒粉、盐调味，淋上辣椒油即可。

清炒虾仁

材料：

- 虾仁、蒜末、盐、料酒、植物油

做法：

1. 虾仁洗净，用盐和料酒稍微腌制。

2. 热锅加油爆香蒜末，加入虾仁快速翻炒至变色熟透。

3. 调味出锅。

葱姜炒蟹

材料：

- 螃蟹、葱段、姜片、蒜末、料酒、生抽、盐、植物油

做法：

1. 螃蟹切块洗净。

2. 热锅加油爆香葱姜蒜，加入螃蟹翻炒。

3. 倒入料酒和生抽，盖锅焖煮至熟，调盐出锅。

红烧鸡翅

材料：

- 鸡翅、生抽、老抽、糖、姜片、葱段、料酒、盐

做法：

1. 鸡翅洗净，锅中煎至微黄。

2. 加入姜葱、生抽、老抽、糖、料酒和适量水。

3. 小火焖煮至汤汁浓稠，调盐出锅。

醋溜白菜

材料：

- 白菜、蒜末、醋、糖、盐、植物油

做法：

1. 白菜切块。

2. 热锅加油爆香蒜末，加入白菜翻炒。

3. 加入醋、糖、盐调味，快速翻炒均匀出锅。

蒜蓉粉丝蒸扇贝

材料：

- 扇贝、粉丝、蒜蓉、葱花、盐、料酒、植物油

做法：

1. 粉丝泡软铺在扇贝壳上。
2. 扇贝放上蒜蓉，淋少许料酒。
3. 蒸锅蒸8-10分钟。
4. 出锅后淋热油，撒葱花。

干煸四季豆

材料：

- 四季豆、干辣椒、蒜末、盐、植物油

做法：

1. 四季豆洗净切段。

2. 热锅油炸四季豆至微皱，捞出控油。

3. 锅留少油，爆香蒜末和干辣椒，加入四季豆翻炒，调盐出锅。

虾仁炒蛋

材料：

- 虾仁、鸡蛋、盐、葱花、植物油

做法：

1. 虾仁洗净备用。

2. 鸡蛋打散加盐。

3. 热锅加油炒虾仁至变色，倒入蛋液炒匀，撒葱花出锅。

粉蒸肉

材料：

- 猪五花肉、米粉（蒸肉粉）、生抽、料酒、姜片、蒜末

做法：

1. 五花肉切薄片，拌入生抽、料酒、姜蒜腌制30分钟。
2. 拌入米粉均匀包裹肉片。
3. 置蒸锅蒸约1小时至肉软糯。

红烧鱼块

材料：
鱼块、姜片、蒜末、葱段、生抽、老抽、糖、料酒、盐、植物油

做法：

1. 鱼块洗净，用料酒和盐稍微腌制。

2. 热锅加油，煎鱼块至两面金黄，盛出备用。

3. 锅中留少许油，爆香姜蒜葱。

4. 加入鱼块，倒入生抽、老抽、糖和适量水，小火炖煮入味。

5. 汤汁浓稠时即可出锅。

凉拌黄瓜

材料：
黄瓜、蒜末、香醋、盐、糖、辣椒油（可选）

做法：

1. 黄瓜洗净拍碎切段。

2. 加入蒜末、香醋、盐和糖拌匀。

3. 喜辣者可加辣椒油，冷藏后食用更佳。

蒜蓉炒菠菜

材料：
菠菜、蒜蓉、盐、植物油

做法：

1. 菠菜洗净，沥干。

2. 热锅加油爆香蒜蓉，加入菠菜快速翻炒。

3. 加盐调味，炒至菠菜断生即可。

干锅鸡翅

材料：
鸡翅、干辣椒、花椒、姜片、蒜末、葱段、生抽、料酒、糖、盐、植物油

做法：

1. 鸡翅洗净，用生抽、料酒、盐腌制15分钟。

2. 热锅加油，爆香姜蒜葱、干辣椒和花椒。

3. 加入鸡翅翻炒至熟，加入少许糖提味。

4. 出锅前大火收汁。

蒸蛋羹

材料：
鸡蛋、水、盐、葱花

做法：

1. 鸡蛋打散，加入等量温水和盐搅匀。

2. 过滤蛋液倒入碗中。

3. 蒸锅水开后，中火蒸10-15分钟。

4. 出锅后撒葱花即可。

酱烧冬瓜

材料:

冬瓜、蒜末、生抽、老抽、糖、盐、植物油

做法:

1. 冬瓜去皮切块。

2. 热锅加油爆香蒜末,加入冬瓜翻炒。

3. 倒入生抽、老抽、糖和少许水,小火焖煮至冬瓜软烂。

4. 调盐后收汁出锅。

糖醋藕片

材料：
莲藕、白糖、香醋、生抽、盐、植物油、水淀粉

做法：

1. 莲藕去皮切薄片，焯水备用。

2. 热锅加油，放入莲藕片翻炒。

3. 加入白糖、香醋、生抽和盐，翻炒均匀。

4. 加入水淀粉勾芡，收汁即可。

蒜香豆芽

材料：
豆芽、蒜末、盐、植物油

做法：

1. 豆芽洗净，沥干。

2. 热锅加油爆香蒜末。

3. 加入豆芽快速翻炒，调盐出锅。

清炒芥蓝

材料：
芥蓝、蒜末、盐、植物油

做法：

1. 芥蓝洗净，切段。

2. 热锅加油爆香蒜末。

3. 加入芥蓝大火快炒，加入适量盐调味。

4. 炒至芥蓝断生即可出锅。

辣子鸡丁

材料：

鸡胸肉（切丁）、干辣椒、花椒、姜片、蒜片、生抽、料酒、盐、糖、淀粉、植物油

做法：

1. 鸡丁用盐、料酒、生抽和淀粉腌制20分钟。

2. 热锅油温升高后，炸鸡丁至金黄捞出。

3. 另起锅，少油爆香干辣椒、花椒、姜蒜片。

4. 加入鸡丁翻炒，加盐和糖调味，炒匀即可。

咖喱鸡块

材料：
鸡块、洋葱、土豆、胡萝卜、咖喱粉、椰奶、生抽、盐、植物油

做法：

1. 热锅加油炒香洋葱。

2. 加入鸡块翻炒至变色。

3. 加入切块的土豆和胡萝卜。

4. 倒入咖喱粉和椰奶，加盖炖煮至材料熟烂。

5. 加盐和生抽调味，收汁后即可。

红烧牛肉面

材料：
牛肉块、葱姜、八角、酱油、老抽、料酒、糖、盐、面条、青菜

做法：

1. 牛肉焯水洗净。

2. 锅中加油爆香葱姜八角，加入牛肉翻炒。

3. 加入酱油、老抽、料酒、糖和足量水，小火炖煮至牛肉软烂。

4. 煮面条和青菜，盛入碗中，浇上牛肉汤和牛肉块即可。

蒜蓉炒空心菜

材料：
空心菜、蒜末、盐、植物油

做法：

1. 空心菜洗净切段。

2. 热锅加油爆香蒜末。

3. 加入空心菜大火快炒，加入盐调味。

4. 炒至空心菜软嫩即可。

西红柿炒鸡蛋

材料：
西红柿、鸡蛋、盐、糖、葱花、植物油

做法：

1. 鸡蛋打散加少许盐，炒熟盛出。

2. 锅中加油，炒香葱花，加入切块西红柿炒软。

3. 加盐和糖调味，倒入炒好的鸡蛋快速翻炒均匀即可。

青椒炒肉丝

材料：
瘦猪肉丝、青椒、蒜末、生抽、盐、料酒、淀粉、植物油

做法：

1. 猪肉丝用料酒、生抽和淀粉腌制15分钟。

2. 热锅加油爆香蒜末，加入肉丝翻炒至变色。

3. 加入青椒丝继续炒，调入盐和生抽，炒匀即可。

冬瓜排骨汤

材料：
排骨、冬瓜、姜片、盐、葱段

做法：

1. 排骨焯水洗净。

2. 锅中加水，放入排骨和姜片煮开后转小火炖煮1小时。

3. 加入冬瓜块继续煮20分钟。

4. 加盐调味，撒葱段即可。

葱爆羊肉

材料：
羊肉片、葱段、姜片、蒜片、料酒、生抽、盐、白胡椒粉、植物油

做法：

1. 羊肉片用料酒和少许盐腌制10分钟。

2. 热锅加油，爆香姜蒜片。

3. 加入羊肉片大火快炒至变色。

4. 放入葱段，调入生抽和白胡椒粉，快速翻炒均匀即可。

酱爆鸡丁

材料：
鸡胸肉丁、豆瓣酱、葱姜蒜末、生抽、料酒、糖、盐、淀粉、植物油

做法：

1. 鸡丁用料酒、生抽和淀粉腌制15分钟。
2. 热锅加油，爆香葱姜蒜末。
3. 加入豆瓣酱炒出红油。
4. 放入鸡丁快速翻炒，加入糖和盐调味。
5. 炒至鸡丁熟透，汁浓稠即可。

鱼香茄子

材料：
茄子、猪肉末、蒜末、姜末、豆瓣酱、生抽、醋、糖、盐、葱花、植物油

做法：

1. 茄子切条，用油炸软备用。

2. 锅中留底油爆香蒜姜末，加入猪肉末炒散。

3. 放入豆瓣酱炒香，加入茄子条。

4. 调入生抽、醋、糖和盐，翻炒均匀，撒葱花出锅。

红烧排骨

材料：
排骨、姜片、葱段、八角、生抽、老抽、料酒、糖、盐、植物油

做法：

1. 排骨焯水洗净。

2. 热锅加油炒香姜片、葱段和八角。

3. 加入排骨翻炒，倒入料酒、生抽、老抽和糖。

4. 加水没过排骨，小火炖煮至酥烂。

5. 加盐调味，大火收汁即可。

清汤馄饨

材料：
馄饨皮、猪肉馅、葱姜末、盐、白胡椒粉、香油、鸡汤或清水

做法：

1. 猪肉馅加入葱姜末、盐、白胡椒粉和香油拌匀。

2. 包馄饨。

3. 锅中烧开鸡汤或清水，放入馄饨煮熟。

4. 盛出后可撒葱花和香菜调味。

腐乳空心菜

材料：
空心菜、腐乳、蒜末、盐、植物油

做法：

1. 空心菜洗净切段。

2. 热锅加油爆香蒜末。

3. 加入空心菜大火快炒。

4. 加入腐乳捣碎的汁液，炒匀，调盐后即可。

蒜香炒面

材料：
面条、蒜末、青菜、胡萝卜丝、生抽、盐、植物油

做法：

1. 面条煮熟沥干。

2. 热锅加油爆香蒜末，加入青菜和胡萝卜丝翻炒。

3. 加入面条翻炒，调入生抽和盐，炒匀即可。

凉拌豆腐丝

材料：
豆腐丝、蒜泥、醋、生抽、辣椒油、香油、糖、盐

做法：

1. 豆腐丝焯水，控干水分。

2. 将蒜泥、醋、生抽、辣椒油、香油、糖和盐调成汁。

3. 将调味汁淋在豆腐丝上，拌匀即可。

www.ingramcontent.com/pod-product-compliance
Lightning Source LLC
LaVergne TN
LVHW081330060526
838201LV00055B/2554